Karin Pfeiffer und Natasha Chalmers

Fröhliches Lesenüben mit Bildergeschichten

10 Lektionen für Unterricht und Nachhilfe

Erzählen, Schreiben, sinnerfassend Lesen

ab 2. Schuljahr

Stolz Verlag
Edition Lendersdorfer Traumfabrik

www.stolzverlag.de

Inhalt

Die Bildergeschichten

1. Der verschwundene Käse 7
2. Was zuviel ist, ist zuviel 9
3. Heiße Mütze 11
4. Man muss sich nur zu helfen wissen 13
5. Selbstgezogene Radieschen 15
6. Fröhliches Nudelessen 17
7. Alles für die Katz 19
8. Ach, du Banane 21
9. Anglerglück 23
10. Der heimliche Dieb 25

Mit Silben das Lesen üben

10 kleine Texte zum Silbenlesen 27

*„Lass dir Mut machen:
Lernen ist anstrengend,
Erfolg macht Freude!"*

Kleine Anleitung zum Gebrauch dieses Lernheftes

Die Bildserie
Alles, was man verstehen will, benötigt seine Zeit.
Vorschlag zum Üben:

1. Schau dir die einzelnen Bilder der Reihe nach an. Wenn du die Geschichte nicht verstehst, frage!
2. Betrachte nun das erste Bild. Kennst du die Gegenstände? Benenne sie!
3. Zu jedem einzelnen Bild gehört eine Wörterliste. Lies die Wörter, die zu Bild 1 gehören, laut vor. Betone beim Lesen die Silben!
4. Betrachte nun das zweite Bild, benenne die Gegenstände, lies die Wörter.
5. Mache das genauso mit den übrigen Bildern.
6. Erzähle nun die Geschichte mit eigenen Worten.

Erwachsener und Kind betrachten und besprechen die Bildergeschichten gemeinsam. Die zweckgebundene Kommunikation erfüllt alle Voraussetzung für erfolgreiches Lernen. Das Kind richtet sich nach dem Vorbild, das der Erwachsene gibt, wozu das gemeinsame Gespräch über den Lerngegenstand besonders geeignet ist.

Text und Fragen
Die betreffende Geschichte ist nun in Textform wiedergegeben. Gelesen wird wechselweise still und laut. Dabei wird vermittelt, wie man anders oder besser erzählen und formulieren kann. Die anschließenden Fragen beziehen sich auf Satzteile im Text. Daher fällt deren Beantwortung selbst den sprachlich weniger begabten Kindern leicht, wenn sie sich genau an die Textvorgaben halten.

Die Anlehnung an die Formulierungen im Erzähltext gelingt am besten, indem die Satzteile, welche die Antwort enthalten, mit Lineal unterstrichen werden. Auch für diese Aufgabe gilt grundsätzlich: der beste Lernerfolg stellt sich ein, wenn der Lehrer aktiv Anteil nimmt.

Bei allen Übungen zur Lese- und Sprachförderung sollten lautes und stilles Lesen und Schreiben immer Hand in Hand gehen. Fragestellung und Antwort kann das Kind selbst laut formulieren, während es gleich danach die Unterstreichung vornimmt. Im Anschluss daran wird noch einmal gefragt und geantwortet – so schleifen sich Begriffe und Satzstrukturen ein. DAS IST LERNEN!

Anhang
Im Anhang finden sich zu allen Bildergeschichten noch einmal kurze Texte. Sie sind vor allem zur Förderung des Lesens geeignet, da die Silben grau abgesetzt sind. Diese Texte dienen auch als Grundlage für kleine Schreibübungen oder zur Durchführung von Diktaten.

Wenn ihr euch an die Vorschläge haltet, werdet ihr ganz sicher Erfolg haben. Das jedenfalls wünscht euch eure

Karin Pfeiffer

1 Der verschwundene Käse

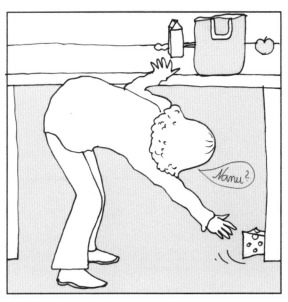

Arbeitsschritte: 1. Bilder betrachten, Begriffe klären, Geschichte verstehen
2. Lautes Lesen der Wörter, Betonung der Silben

1. einkaufen
   gewesen
   Einkaufstasche
   auspacken
   ein großes Stück Käse

2. plötzlich
   verschwunden
   erschrocken
   wo ist?
   vom Tisch gefallen?

3. bückt sich
   unter den Tisch
   wundert sich
   ruft: Nanu?
   Käse bewegt sich

4. Mäuschen
   Fridolin
   schleppt
   Käsestück
   feines Abendessen

1 Der verschwundene Käse

Der verschwundene Käse

Laura ist einkaufen gewesen.
Sie holt alles aus der Einkaufstasche: Milch, Joghurt und Gemüse.
Auch ein großes Stück Käse hat sie eingekauft.
Plötzlich ist der Käse vom Tisch verschwunden.
Wo ist er? Laura schaut erschrocken auf den Boden.
Kann der Käse einfach vom Tisch gefallen sein?
Sie bückt sich unter den Tisch und ruft erstaunt:
„Nanu? Der Käse bewegt sich!"
Das Mäuschen Fridolin schleppt das große Käsestück davon.
Das wird ein feines Abendessen! Aber nicht für Laura.

Aufgaben · Aufgaben · Aufgaben · Aufgaben · Aufgaben · Aufgaben

Wir stellen dir nun Fragen. Die Antworten sind im obigen Text enthalten.
Unterstreiche alle Wörter, welche Antwort geben!

1. Wer ist einkaufen gewesen? (unterstreiche: <u>Laura</u>)
2. Wo holt Laura alles heraus? (unterstreiche: <u>aus der Einkaufstasche</u>)
3. Was hat sie außer Milch, Joghurt und Gemüse noch gekauft?
4. Wohin schaut Laura erschrocken, als der Käse verschwunden ist?
5. Was ruft sie erstaunt aus?
6. Worauf freut sich das Mäuschen Fridolin? Auf ...

Schreibe die Geschichte mit eigenen Worten auf! Zeichne etwas dazu.

Zusätzlicher Lesetext nach Silben: siehe Seite 27

2 Was zuviel ist, ist zuviel

Arbeitsschritte: 1. Bilder betrachten, Begriffe klären, Geschichte verstehen
2. Lautes Lesen der Wörter, Betonung der Silben

1. **Korb**
   süße Kirschen
   rote Kirschen
   ein Korb voll
   sich freuen auf

2. **schmecken**
   lecker
   eine nach der anderen
   in den Mund stecken
   nicht aufhören können

3. **fast alle aufgegessen**
   Kerne übrig
   durstig
   trinken
   ein Glas Wasser

4. **Wasser und Kirschen**
   der Bauch ist voll
   tut weh
   Schmerzen
   Wärmflasche

2 Was zuviel ist, ist zuviel

Was zuviel ist, ist zuviel

Auf dem Tisch steht ein Korb.
Er ist voll mit süßen, roten Kirschen.
Manuela freut sich auf die Kirschen.
Hm, was schmecken die lecker!
Eine nach der anderen steckt sie in ihren Mund.
Manuela kann nicht aufhören zu essen.
Bald sind alle Kirschen aufgegessen.
Manuela trinkt ein Glas Wasser.
O weh, wie ist der Bauch so voll! Er tut weh.
Gegen die Schmerzen hilft eine Wärmflasche.

Aufgaben · Aufgaben · Aufgaben · Aufgaben · Aufgaben · Aufgaben

Wir stellen dir nun Fragen.
Die Antworten sind im obigen Text versteckt.
Unterstreiche die Wörter, welche Antwort geben!

1. Wo steht ein Korb? (unterstreiche: auf dem Tisch)
2. Mit was ist der Korb voll?
3. Worauf freut sich Manuela?
4. Was kann Manuela nicht?
5. Was trinkt Manuela?
6. Was ist voll und tut weh?
7. Wogegen hilft eine Wärmflasche?

Schreibe die Geschichte mit eigenen Worten auf! Zeichne etwas dazu.

Zusätzlicher Lesetext nach Silben: siehe Seite 27

3 Heiße Mütze

Arbeitsschritte: 1. Bilder betrachten, Begriffe klären, Geschichte verstehen
2. Lautes Lesen der Wörter, Betonung der Silben

1. heute gibt es
   Pfannekuchen
   Chefkoch
   Teig eingießen
   heiße Pfanne

2. eine Seite
   ist fertig gebraten
   umdrehen
   hochwerfen
   wirft hoch

3. Lukas wirft
   hoch in die Luft
   fliegt, fliegen
   hoch und höher
   der Koch grinst

4. Platsch!
   landet
   auf der Kochmütze
   schaut ratlos drein
   guten Appetit

3 Heiße Mütze

Heiße Mütze

Heute gibt es Pfannekuchen.
Der Chefkoch Lukas gießt den Teig in die heiße Pfanne.
Bald ist eine Seite fertig gebraten.
Lukas will den Pfannekuchen umdrehen.
Dazu wirft er ihn hoch in die Luft.
Er fliegt hoch und höher. Lukas grinst.
Platsch! Der Pfannekuchen landet auf der Kochmütze.
Lukas hat jetzt eine heiße Mütze auf.
Er schaut ratlos drein. Guten Appetit!

Aufgaben · Aufgaben · Aufgaben · Aufgaben · Aufgaben · Aufgaben

Wir stellen dir nun Fragen.
Die Antworten sind im obigen Text versteckt.
Unterstreiche die Wörter, welche Antwort geben!

1. Was gibt es heute? (unterstreiche: <u>Pfannekuchen</u>)
2. Wer gießt den Teig in die Pfanne?
3. Was will Lukas tun?
4. Wie fliegt der Pfannekuchen?
5. Wo landet der Pfannekuchen?
6. Wie schaut Lukas drein?

Schreibe die Geschichte mit eigenen Worten auf! Zeichne etwas dazu.

Zusätzlicher Lesetext nach Silben: siehe Seite 27

4 Man muss sich nur zu helfen wissen

Arbeitsschritte: 1. Bilder betrachten, Begriffe klären, Geschichte verstehen
2. Lautes Lesen der Wörter, Betonung der Silben

1. **Picknick auf der Wiese**
   Decke
   lauter gute Sachen
   Brote, Brötchen
   Tomaten, Äpfel

2. erste Regentropfen
   fallen
   regnen
   Himmel
   betrübt

3. Idee
   alles rasch
   zusammenpacken
   sie packen zusammen
   zwei Holzstöcke

4. unter der Decke
   im Trockenen
   picknicken
   fröhlich
   zu helfen wissen

4 Man muss sich nur zu helfen wissen

Picknick im Regen

Mia und Stefan machen Picknick auf der Wiese.
Auf der Decke haben sie lauter gute Sachen ausgebreitet:
belegte Brote, Brötchen, Tomaten, Äpfel.
Die Kinder lassen es sich schmecken.
Auf einmal fallen erste Regentropfen vom Himmel.
Mia sagt betrübt: „Es beginnt zu regnen!"
Rasch packen sie alles zusammen. Da hat Stefan eine Idee.
Er rammt zwei Holzstöcke in den Boden, darüber spannt
er die Decke. Nun sitzen die beiden im Trockenen.
Fröhlich picknicken sie weiter.
Man muss sich nur zu helfen wissen.

Aufgaben · Aufgaben · Aufgaben · Aufgaben · Aufgaben · Aufgaben

Wir stellen dir nun Fragen.
Die Antworten sind im obigen Text versteckt.
Unterstreiche die Wörter, welche Antwort geben!

1. Wo machen die Kinder Picknick?
2. Was haben sie auf der Decke ausgebreitet? (Unterstreiche in beiden Zeilen die Antwort.)
3. Was fällt vom Himmel?
4. Was sagt Mia?
5. Wer hat eine Idee?
6. Wohin rammt Stefan zwei Holzstöcke?
7. Wo sitzen die beiden?

Schreibe die Geschichte mit eigenen Worten auf! Zeichne etwas dazu.

Zusätzlicher Lesetext nach Silben: siehe Seite 28

5 Selbstgezogene Radieschen

Arbeitsschritte: 1. Bilder betrachten, Begriffe klären, Geschichte verstehen
2. Lautes Lesen der Wörter, Betonung der Silben

1. der 19. Mai
Papiertüte
in der Hand
Radieschensamen
streut Samenkörner

2. der 1. Juni
kleine Blätter
sind herausgewachsen
junge Pflanzen
gießt, gießen

3. Anfang Juli
herausziehen
zieht heraus
aus der Erde
groß, rund, rot

4. er hat gewaschen
zerschneidet
schmale Scheiben
Butterbrot
gesund, lecker

Selbstgezogene Radieschen

Es ist der 19. Mai. Moritz hält eine Papiertüte in der Hand.
Sie enthält Radieschensamen. Moritz streut die Samenkörner aus.
Anfang Juni sind kleine Blätter herausgewachsen.
Moritz gießt die jungen Pflanzen.
Anfang Juli ist es dann soweit: Moritz zieht die Radieschen
aus der Erde. Sie sind groß, rund und rot.
Nachdem Moritz die Radieschen gewaschen hat,
zerschneidet er sie in schmale Scheiben. Er legt sie auf das
Butterbrot. Das ist eine gesunde, leckere Mahlzeit!

Aufgaben · Aufgaben · Aufgaben · Aufgaben · Aufgaben · Aufgaben

Wir stellen dir nun Fragen.
Die Antworten sind im obigen Text versteckt.
Unterstreiche die Wörter, welche Antwort geben!

1. Was hält Moritz in der Hand? (unterstreiche: <u>eine Papiertüte</u>)
2. Was streut Moritz aus?
3. Was ist aus den Samenkörnern herausgewachsen?
4. Wann zieht Moritz die Radieschen aus der Erde?
5. Wie sehen die Radieschen aus?
6. Wohin legt Moritz die Radieschenscheiben?

Schreibe die Geschichte mit eigenen Worten auf! Zeichne etwas dazu.

Zusätzlicher Lesetext nach Silben: <u>siehe Seite 28</u>

6 Fröhliches Nudelessen

Arbeitsschritte: 1. Bilder betrachten, Begriffe klären, Geschichte verstehen
2. Lautes Lesen der Wörter, Betonung der Silben

1. **hungrig**
   die beiden
   steht ein Teller
   duften
   duftende Nudeln

2. **wickelt, wickeln**
   Nudeln
   Gabel
   prima
   schmecken

3. **wickelt, wickeln**
   Nudeln
   Gabel
   sich freuen
   auf den Bissen

4. **plötzlich**
   etwas geschehen
   die beiden Gabeln
   miteinander
   verbunden

Fröhliches Nudelessen

Marco und Sandra sind hungrig.
Vor jedem der beiden steht ein Teller mit duftenden Nudeln.
Sandra wickelt die Nudeln um ihre Gabel.
Hm, das wird prima schmecken!
Auch Marco wickelt die Nudeln um seine Gabel.
Hm, was freut er sich auf den Bissen!
Da ist plötzlich etwas geschehen! Wie kann das sein?
Die beiden Gabeln von Marco und Sandra sind
durch eine Nudel miteinander verbunden.
Marco grinst: „Jetzt können wir miteinander telefonieren!"

Aufgaben · Aufgaben · Aufgaben · Aufgaben · Aufgaben · Aufgaben

Wir stellen dir nun Fragen.
Die Antworten sind im obigen Text versteckt.
Unterstreiche die Wörter, welche Antwort geben!

1. Wie sind Marco und Sandra?
2. Was steht vor jedem der beiden?
3. Was macht Sandra?
4. Worauf freut sich Marco?
5. Was ist durch eine Nudel miteinander verbunden?
6. Was sagt Marco?

Schreibe die Geschichte mit eigenen Worten auf! Zeichne etwas dazu.

Zusätzlicher Lesetext nach Silben: siehe Seite 28

7 Alles für die Katz!

Arbeitsschritte: 1. Bilder betrachten, Begriffe klären, Geschichte verstehen
2. Lautes Lesen der Wörter, Betonung der Silben

1. drei Bratlinge
   eine Schale Suppe
   herrlich duften
   Dackel, Hinterbeine
   betteln, bettelt

2. Hier hast du!
   etwas abgeben
   den Hund füttern
   im Nu verschlingen
   verschlungen

3. zufrieden und satt
   neben dem Tisch
   liegen, liegt
   schlafen, schläft
   Roland will endlich essen

4. oh Schreck!
   Katze Rapunzel
   springen, gesprungen
   naschen, nascht
   von der feinen Suppe

7   Alles für die Katz!

Alles für die Katz

Roland sitzt am Tisch. Vor ihm steht das Mittagessen: Bratlinge und eine Schale Suppe. Die drei Bratlinge duften herrlich. Das riecht auch Dackel Waldi. Er stellt sich auf die Hinterbeine und bettelt. Roland gibt ihm einen von den Bratlingen ab. Im Nu hat der Hund diesen verschlungen. Zufrieden und satt liegt er nun neben dem Tisch und schläft. Roland will jetzt endlich essen. Aber oh Schreck! Unbemerkt ist Katze Rapunzel auf den Tisch gesprungen und nascht jetzt von der feinen Suppe.

Aufgaben · Aufgaben · Aufgaben · Aufgaben · Aufgaben · Aufgaben

Wir stellen dir nun Fragen.
Die Antworten sind im obigen Text versteckt.
Unterstreiche die Wörter, welche Antwort geben!

1. Was steht vor Roland am Tisch? (unterstreiche: das Mittagessen)
2. Was duftet herrlich?
3. Was macht Dackel Waldi, der das riecht?
4. Was gibt Roland ihm ab?
5. Wo liegt der Hund und schläft?
6. Was hat die Katze Rapunzel unbemerkt gemacht? Sie ist ...

Schreibe die Geschichte mit eigenen Worten auf! Zeichne etwas dazu.

Zusätzlicher Lesetext nach Silben: siehe Seite 29

8 Ach, du Banane!

Arbeitsschritte: 1. Bilder betrachten, Begriffe klären, Geschichte verstehen
2. Lautes Lesen der Wörter, Betonung der Silben

1. Rollbrett
   Straße
   neue Kunststücke
   probiert aus
   ausprobieren

2. Herr Gedankenlos
   er kommt des Weges
   Banane geschält
   Schale
   hinter sich werfen

3. Rudi kommt
   sausen, gesaust
   dahergesaust
   Bananenschale
   zu Fall bringen

4. liegen, er liegt
   sehen, er sieht
   tausend Sterne
   erschrecken, erschrickt
   furchtbar

8   Ach, du Banane!

Herr Gedankenlos und die Bananenschale

Rudi ist mit seinem Rollbrett auf der Straße. Er probiert einige neue Kunststücke aus. Herr Gedankenlos kommt des Weges. Gerade hat er eine Banane geschält. Die Schale wirft er einfach hinter sich auf die Straße. Gleich darauf kommt Rudi mit seinem Rollbrett angesaust. Die Bananenschale bringt ihn zu Fall. Da liegt er nun und sieht tausend Sterne. Herr Gedankenlos erschrickt furchtbar. Er ruft: „Kind, hast du dir wehgetan?"

Aufgaben · Aufgaben · Aufgaben · Aufgaben · Aufgaben · Aufgaben

Wir stellen dir nun Fragen.
Die Antworten sind im obigen Text versteckt.
Unterstreiche die Wörter, welche Antwort geben!

1. Womit ist Rudi auf der Straße? (unterstreiche: mit seinem Rollbrett)
2. Was probiert er aus?
3. Was hat Herr Gedankenlos gerade gemacht?
4. Wohin wirft er die Bananenschale?
5. Was bringt Rudi zu Fall?
6. Was ruft Herr Gedankenlos aus?

Schreibe die Geschichte mit eigenen Worten auf! Zeichne etwas dazu.

 Zusätzlicher Lesetext nach Silben: siehe Seite 29

9 Anglerglück

Arbeitsschritte: 1. Bilder betrachten, Begriffe klären, Geschichte verstehen
2. Lautes Lesen der Wörter, Betonung der Silben

1. angeln, er angelt
   etwas Schweres
   hängen, hängt
   am Angelhaken
   Kochtopf

2. den Topf
   zur Seite legen
   weiterangeln, angelt weiter
   etwas zieht
   an der Angelschnur

3. diesmal
   wirklich ein Fisch
   groß, ein großer
   ein Prachtkerl
   sich freuen, Anglerglück

4. Feuer machen
   anzünden, angezündet
   Kochtopf
   gut gebrauchen
   schmoren, er schmort

9 Anglerglück

Anglerglück

Fabian angelt. Etwas Schweres hängt am Angelhaken: ein Kochtopf! Das freut Fabian gar nicht. Er legt den Topf zur Seite und angelt weiter. Nach einer Weile zieht wieder etwas an der Angelschnur. Diesmal ist es wirklich ein Fisch, und was für ein großer! Solch ein Prachtkerl! Fabian freut sich über sein Anglerglück.

Rasch hat Fabian ein Feuer angezündet. Den Kochtopf kann er jetzt gut gebrauchen: er schmort darin den Fisch.

Aufgaben · Aufgaben · Aufgaben · Aufgaben · Aufgaben · Aufgaben

Wir stellen dir nun Fragen.
Die Antworten sind im obigen Text versteckt.
Unterstreiche die Wörter, welche Antwort geben!

1. Was hängt am Angelhaken? (unterstreiche: Etwas Schweres)
2. Was macht Fabian mit dem Topf?
3. Was ist das, was diesmal an der Angel zieht? Diesmal ist es wirklich ...
4. Worüber freut sich Fabian?
5. Was hat Fabian rasch getan?
6. Wozu kann er nun den Kochtopf gebrauchen?

Schreibe die Geschichte mit eigenen Worten auf! Zeichne etwas dazu.

Zusätzlicher Lesetext nach Silben: siehe Seite 29

10 Der heimliche Dieb

Arbeitsschritte: 1. Bilder betrachten, Begriffe klären, Geschichte verstehen
2. Lautes Lesen der Wörter, Betonung der Silben

1. Schneemann
   bauen, gebaut
   Möhre
   ins Gesicht stecken
   Nase

2. wenig später
   wieder schauen
   es fehlt ihm die Nase
   wütend beschuldigen
   genommen

3. böse
   aufeinander
   beginnen
   Rauferei

4. plötzlich
   entdecken, entdeckt
   der Hase, einen Hasen
   mümmelt
   Möhre

10 Der heimliche Dieb

Wenn sich zwei streiten

Carola und Florian haben einen Schneemann gebaut. Zuletzt stecken sie ihm eine Möhre mitten ins Gesicht: das ist die Nase. Als sie wenig später wieder nach dem Schneemann schauen, fehlt ihm die Nase. Nanu? Carola sagt wütend zu Florian: „Du hast sie genommen!" Florian beschuldigt Carola: „Du hast sie genommen!" Sie sind böse aufeinander und beginnen eine Rauferei. Plötzlich entdeckt Florian einen Hasen. Der mümmelt die Möhre. Da müssen beide lachen.

Aufgaben · Aufgaben · Aufgaben · Aufgaben · Aufgaben · Aufgaben

Wir stellen dir nun Fragen.
Die Antworten sind im obigen Text versteckt.
Unterstreiche die Wörter, welche Antwort geben!

1. Was haben die Kinder gebaut? (unterstreiche: einen Schneemann)
2. Wohin stecken sie dem Schneemann die Möhre?
3. Was stellt die Möhre dar?
4. Was sagen beide Kinder zueinander?
5. Was beginnen sie?
6. Was macht der Hase, als ihn Florian entdeckt?

Schreibe die Geschichte mit eigenen Worten auf! Zeichne etwas dazu.

Zusätzlicher Lesetext nach Silben: siehe Seite 30

Mit Silben das Lesen üben

Lies laut! Betone die Silben.
Lies noch einmal still. Lies so oft, bis du es ohne Stocken kannst.

Der verschwundene Käse
Laura hat eingekauft:
Milch, Joghurt, Gemüse und ein großes Stück Käse.
Plötzlich ist der Käse vom Tisch verschwunden.
Ist der Käse vom Tisch gefallen?
Mäuschen Fridolin freut sich.

Was zuviel ist, ist zuviel
Auf dem Tisch steht ein Korb mit Kirschen.
Die Kirschen schmecken lecker.
Manuela kann nicht aufhören zu essen.
O weh, wie ist der Bauch so voll!
Jetzt hat Manuela Bauchschmerzen.

Heiße Mütze
Lukas gießt Teig in die heiße Pfanne.
Er macht Pfannekuchen.
Zum Umdrehen wirft er den Pfannekuchen in die Luft.
Lukas hat jetzt eine heiße Mütze auf.
Er schaut ratlos drein.

Mit Silben das Lesen üben

Lies laut! Betone die Silben.
Lies noch einmal still. Lies so oft, bis du es ohne Stocken kannst.

Picknick im Regen

Auf der Decke liegen lauter gute Sachen:
belegte Brote, Brötchen, Tomaten, Äpfel.
Die Kinder lassen es sich schmecken.
Da beginnt es zu regnen.
Stefan hat eine gute Idee.

Selbstgezogene Radieschen

Am 19. Mai streut Moritz Samenkörner aus.
Anfang Juni sind kleine Blätter aus der Erde gewachsen.
Anfang Juli zieht Moritz die Radieschen heraus.
Er zerschneidet sie in Scheiben.
Dann legt er sie auf sein Butterbrot.

Fröhliches Nudelessen

Marco und Sandra essen Nudeln
Sie wickeln die Nudeln um ihre Gabeln.
Auf einmal sind die Gabeln miteinander verbunden.
Marco grinst:
Jetzt können wir telefonieren!

Mit Silben das Lesen üben

Lies laut! Betone die Silben.
Lies noch einmal still. Lies so oft, bis du es ohne Stocken kannst.

Alles für die Katz!
Zum Mittagessen gibt es Bratlinge und Suppe.
Das riecht der Dackel Waldi.
Roland gibt dem Hund einen von den Bratlingen ab.
Unbemerkt ist Katze Rapunzel auf den Tisch gesprungen.
Sie nascht jetzt von der feinen Suppe.

Herr Gedankenlos und die Bananenschale
Rudi probiert Kunststücke mit dem Rollbrett aus.
Herr Gedankenlos wirft eine Bananenschale weg.
Rudi rutscht mit dem Brett aus und fällt hin.
Herr Gedankenlos erschrickt.
Er ruft: „Kind, hast du dir wehgetan?"

Anglerglück
An der Angel hängt etwas Schweres.
Fabian zieht einen Kochtopf aus dem Wasser.
Wenig später hat er einen Fisch am Haken.
Er will den Fisch schmoren und macht Feuer.
Dazu kann er den Topf gut gebrauchen.

Mit Silben das Lesen üben

Lies laut! Betone die Silben.
Lies noch einmal still. Lies so oft, bis du es ohne Stocken kannst.

Wenn sich zwei streiten

Der Schneemann bekommt eine Möhre ins Gesicht.

Doch auf einmal ist die Nase fort.

Die Kinder streiten und raufen.

Jedes sagt zum anderen: Du hast die Nase genommen!

Dabei war der Dieb ein Hase!

Stolz Verlag

Schneidhausener Weg 52, 52355 Düren, Tel. (02421) 5 79 79   info@stolzverlag.de

Deutsch

Aufsatzschreiben Grundschule
Werkstatthefte 3./4. Schuljahr
Märchen & Fabeln Best.-Nr. 309
Fortsetzungsgeschichten Nr. 310
Reizwortgeschichten Best.-Nr. 308
Nacherzählen Best.-Nr. 392

Die Aufsatzwerkstatt
Beispiele, Übungen, Lösungen ab 5. Schj.
Erzählen und Fabulieren Nr. 309
Nacherzählung und Inhaltsangabe
Best.-Nr. 307
Gegenstands- und Vorgangsbeschreibung Best.-Nr. 308
Protokoll, Exzerpt, Zusammenfassung Best.-Nr. 305

Aufsatz-Trainer 3.- 5. Sj. Best.-Nr. 066

So schreibe ich einen guten Aufsatz
ab 4. Schuljahr Best.-Nr. 234

Der Schneemann im Kühlschrank (Bildergeschichten)
3. bis 5. Schuljahr Best.-Nr. 143

Mini-Bildergeschichten ab 2. Sj.
Wortschatz erweitern Best.-Nr. 144

Satzbau Blödelmeister
Grammatik-Spiel Best.-Nr. 162

Grammatik Grundwissen
ab Ende 3. Schuljahr, Orientierungsstufe
Band 1: **Wortlehre** Best.-Nr. 060
Band 2: **Satzlehre** Best.-Nr. 061

Fröhlich lesen üben
Lese-Mal-Geschichten 2. Sj. Best.-Nr. 289

Wortschatzübungen
11 Lektionen ab 3. Sj. Best.-Nr. 062

Mein Verben-Trainer
13 Lektionen Alltagsgrammatik
ab 5. Schuljahr Best.-Nr. 376

das oder dass-Trainer
13 Übungsschritte zum Können
ab 5. Schuljahr Best.-Nr. 174

Besser lesen lernen mit Märchen, Sagen und Fabeln
ab 2. Schuljahr Best.-Nr. 276

Sachtexte lesen & verstehen
ab 5. Schuljahr Best.-Nr. 106

Zehn Minuten täglich üben
Nachhilfe Deutsch ab 5. Sj. Best.-Nr. 210

Handschrift-Trainer
Ein Übungsprogramm ab 10 Jahre
Best.-Nr. 354

Lesetraining

ORIGINAL-LESETRAINING von Karin Pfeiffer
1. Schuljahr Best.-Nr. 031
2. Schuljahr Best.-Nr. 032
3. Schuljahr Best.-Nr. 033
4. Schuljahr Best.-Nr. 034
5. Schuljahr Best.-Nr. 035
6. Schuljahr Best.-Nr. 036
7. Schuljahr Best.-Nr. 037
8/9. Schuljahr Best.-Nr. 287

Lesetraining-Übungshefte:
1. Schuljahr Nr. 291   **5. Schuljahr** Nr. 295
2. Schuljahr Nr. 292   **6. Schuljahr** Nr. 296
3. Schuljahr Nr. 293   **7. Schuljahr** Nr. 297
4. Schuljahr Nr. 294   **8./9. Schulj.** Nr. 298

LRS überwinden
ab 2. Schuljahr Best.-Nr. 404

Lektüren & Co.

TRAUMFABRIK-LITERATURBLÄTTER
Ergänzendes Übungsmaterial zur Lektüre;
jedes Heft 32 Seiten DIN-A4.

Der Buchstabenvogel
1. Schuljahr Best.-Nr. 184
Muftl, der kleine freche Dino
ab 1. Schuljahr Best.-Nr. 209
Wie die Katze zum K kam
ab 1. Schuljahr Best.-Nr. 208
Sofie macht Geschichten
ab 1. Schuljahr Best.-Nr. 108
Der Findefuchs
ab 2. Schuljahr Best.-Nr. 028
Hanno malt sich einen Drachen
ab 2. Schuljahr Best.-Nr. 189
Die Olchis sind da
ab 2. Schuljahr Best.-Nr. 205
Igel, komm, ich nehm dich mit
ab 2. Schuljahr Best.-Nr. 185
Das Schlossgespenst
ab 2./3. Schuljahr Best.-Nr. 093
Das Vamperl
ab 3. Schuljahr Best.-Nr. 159
Ben liebt Anna
ab 3. Schuljahr Best.-Nr. 196
Umsonst geht nur die Sonne auf
ab 3. Schuljahr Best.-Nr. 216
Sonst bist du dran
ab 3./4. Schuljahr Best.-Nr. 215
Ich bin ein Stern
ab 5. Schuljahr Best.-Nr. 188
Rennschwein Rudi Rüssel
ab 5. Schuljahr Best.-Nr. 222
Insel der blauen Delphine
ab 6. Schuljahr Best.-Nr. 194

Rechtschreiben

„5-Minuten-Diktate"
Beim Üben mit diesen Heften fassen auch rechtschreibschwache Schüler wieder Mut.
2. Schuljahr Best.-Nr. 017
3. Schuljahr Best.-Nr. 018
4. Schuljahr Best.-Nr. 019
5. Schuljahr Best.-Nr. 020
6. Schuljahr Best.-Nr. 021
7. Schuljahr Best.-Nr. 052

Rechtschreiben kinderleicht
Trainer Grundschule Best.-Nr. 332

Besser rechtschreiben, fertig, los! ab 5. Schuljahr Best.-Nr. 336

Zwillingsdiktate 2. – 6. Sj.
Ein Text zum Üben, einer zum Prüfen!
Best.-Nr. 375

Mathematik

Schmunzelmathe Textaufgaben
Schritt für Schritt; mit Lösungen
1./2. Schuljahr Best.-Nr. 094
3./4. Schuljahr Best.-Nr. 095
5. Schuljahr Best.-Nr. 313

Kopfrechnen GS Best.-Nr. 324
Kopfrechnen SEK Best.-Nr. 407

Mathe zum Schmunzeln
111 listig-lustige Rechengeschichten
Freiarbeit / Fördern, ab 2. Sj. Best.-Nr. 257

Grundrechenarten üben
ab 5. Schuljahr Best.-Nr. 247

Grundrechenarten Übungen mit
Selbstkontrolle ab 5. Sj. Best.-Nr. 253

Die Einmaleins-Maus im Hunderterhaus 2. Sj. Best.-Nr. 710

Bruchrechnen
systematische Grundlagenübungen
Nachhilfe und Freiarbeit Best.-Nr. 154

Übungen Geometrie ab 4. Sj.
Grundlegende Aufgaben Best.-Nr. 121

Verschiedenes

40 Vertretungsstunden GS
Grundschule Best.-Nr. 267

40 Vertretungsstunde SEK
ab 5. Schuljahr Best.-Nr. 268

Klassenzimmerschmuck von Januar bis Dezember
Anleitungen und Vorlagen Best.-Nr. 349

Stolz Verlag

Schneidhausener Weg 52, 52355 Düren, Tel. (02421) 5 79 79   info@stolzverlag.de

Sachfächer

Das Wetter ab 2. Sj.   Best.-Nr. 042
Laubbäume ab 2. Sj.   Best.-Nr. 089
Blumen am Wegrand
Minitexte ab 2. Sj.   Best.-Nr. 043
Werkstatt Wald ab 2. Sj.   Best.-Nr. 339
Kreislauf Wasser GS   Best.-Nr. 333
Jahreszeiten kennenlernen
ab 3. Sj.   Best.-Nr. 237
Haustiere 2. Sj.   Best.-Nr. 048
Zootiere ab 2. Sj.   Best.-Nr. 044
Bauernhoftiere ab 2. Sj.   Best.-Nr. 057
Igel-Lernwerkstatt   Best.-Nr. 329
Tiere im Winter ab 2. Sj.   Best.-Nr. 269
Indianer ab 2. Sj.   Best.-Nr. 249
Der elektrische Strom
ab 4. Sj.   Best.-Nr. 117
Deutschland kennenlernen
ab 3. Sj.   Best.-Nr. 058
Europa kennenlernen
ab 4. Sj.   Best.-Nr. 084
Die Welt kennenlernen
ab 5. Sj.   Best.-Nr. 227
Durch die Wüste   Best.-Nr. 100
Die Alpen ab 5. Sj.   Best.-Nr. 147
Das Wattenmeer   Best.-Nr. 148
Klima, Wind u. Wetter
ab 4. Sj.   Best.-Nr. 195
Bibelgeschichten AT   Best.-Nr. 180
Das Christentum   Best.-Nr. 229
Weltreligionen ab 3. Sj.   Best.-Nr. 075
Der Islam ab 5. Sj.   Best.-Nr. 113
Das Judentum ab 5. Sj.   Best.-Nr. 076
Getreide und Brot   Best.-Nr. 337
Richtig essen   Best.-Nr. 374
Obst und Gemüse   Best.-Nr. 116
Der menschliche Körper
ab 3. Sj.   Best.-Nr. 079
Unsere Sinne ab 4. Sj.   Best.-Nr. 179
Ritter und Burgen   Best.-Nr. 125
Leben in einer mittelalterlichen Stadt ab 3. Sj.   Best.-Nr. 132
Steinzeitmenschen   Best.-Nr. 516
Die Römer ab 4. Sj.   Best.-Nr. 520
Die alten Griechen   Best.-Nr. 514
Die alten Ägypter   Best.-Nr. 515
Erfindungen ab 4. Sj.   Best.-Nr. 519
Entdecker ab 4. Sj.   Best.-Nr. 518
Den Weltraum kennenlernen
ab 5. Sj.   Best.-Nr. 397

Die erweiterte EU   Best.-Nr. 251
Die Industrielle Revolution
ab 7. Sj.   Best.-Nr. 281
Adolf Hitler ab 7. Sj.   Best.-Nr. 120
Alltag im 3. Reich   Best.-Nr. 077
Der 1. Weltkrieg   Best.-Nr. 282
Der 2. Weltkrieg   Best.-Nr. 283
Politik, leicht erklärt   Best.-Nr. 327

Theater & Sketche

Fabelhafte Sketche   Best.-Nr. 146
5-Minuten-Sketche Grundschule   Best.-Nr. 140
Witzige Schulbühne
1. bis 10. Schuljahr   Best.-Nr. 112
Neue witzige Schulsketche
alle Altersstufen   Best.-Nr. 705
Klapsmühle – Sketche
alle Altersstufen   Best.-Nr. 704
Die Hexe Furufara
Theaterstück bis 5. Klasse   Best.-Nr. 009

Dies & Das

Berichtszeugnisse
Textbausteine für die Grundschule   Best.-Nr. 201

Bildergeschichten für Ethik
3. bis 6. Schuljahr   Best.-Nr. 380

Dem Lernen einen Sinn geben
Nachdenken über eine bessere Lern- und Erziehungskultur   Best.-Nr. 236

Wer hat das Sagen in deutschen Klassenzimmern?
Streitschrift   Best.-Nr. 226

Das Leben Jesu in kleinen Geschichten
Bibelgeschichten zum Neuen Testament
Kurze Texte, Aufgaben, Lösungen   Best.-Nr. 386

Rituale der Stille
Übungen und Rituale in der Schulklasse
Für alle Altersstufen   Best.-Nr. 347

Zuhören lernen
Übungen und Spiele für alle Altersstufen;
Schule, Therapie, Nachhilfe   Best.-Nr. 010

Faszination Stille
Projektmappe für die Praxis; viele Übungen zu Sammlung und Konzentration;
alle Schulstufen   Best.-Nr. 290

Gedächtnistrainer ab 5. Schuljahr
Wie lernt man am besten? Lern- und Merkstrategien   Best.-Nr. 005

Bestell-Coupon

Ja, bitte senden Sie mir (uns) gegen Rechnung folgende Artikel:

Bestell-Anschrift:

Stolz Verlag
Stuttgarter Verlagskontor S V K GmbH
Postfach 106016   70049 Stuttgart
Tel. (07 11) 66 72-12 16
Fax (07 11) 66 72-19 74
Internet-Shop: www.stolzverlag.de

Artikel-Nummern hier eintragen:

☐ Bitte schicken Sie mir Ihren kostenlosen aktuellen Katalog!

Meine Anschrift:

Vorname, Name

Straße

PLZ/Ort

Datum/Unterschrift